BEI GRIN MACHT SICH IHR WISSEN BEZAHLT

- Wir veröffentlichen Ihre Hausarbeit, Bachelor- und Masterarbeit

- Ihr eigenes eBook und Buch - weltweit in allen wichtigen Shops

- Verdienen Sie an jedem Verkauf

Jetzt bei www.GRIN.com hochladen und kostenlos publizieren

Aristotelisches Drama im modernen Theater. Eine Analyse von Lutz Hübners "Das Herz eines Boxers"

Bibliografische Information der Deutschen Nationalbibliothek:

Die Deutsche Nationalbibliothek verzeichnet diese Publikation in der Deutschen Nationalbibliografie; detaillierte bibliografische Daten sind im Internet über http://dnb.d-nb.de abrufbar.

ISBN: 9783389089842
Dieses Buch ist auch als E-Book erhältlich.

© GRIN Publishing GmbH
Trappentreustraße 1
80339 München

Alle Rechte vorbehalten

Druck und Bindung: Books on Demand GmbH, Norderstedt Germany
Gedruckt auf säurefreiem Papier aus verantwortungsvollen Quellen

Das vorliegende Werk wurde sorgfältig erarbeitet. Dennoch übernehmen Autoren und Verlag für die Richtigkeit von Angaben, Hinweisen, Links und Ratschlägen sowie eventuelle Druckfehler keine Haftung.

Das Buch bei GRIN: https://www.grin.com/document/1518343

Freie Universität Berlin

SoSe 2022

Modularbeit

Aristoteles Einfluss auf moderne Dramen

Inwieweit weist das moderne Jugendtheater *Das Herz eines Boxers* (2005) von Lutz Hübner den typischen Aufbau eines aristotelischen Dramas auf?

Grundschulpädagogik (Sachunterricht, Mathematik, Deutsch)

Inhaltsverzeichnis

1. Einleitung 1
2. Aufbau und Merkmale eines aristotelischen Dramas 1
   - 2.1 Aufbau 2
   - 2.2 Merkmale 3
3. Vergleich offenes vs. geschlossenes Drama 6
4. Analyse: Vergleich des strukturellen Aufbaus des Theaters *Das Herz eines Boxers* mit dem Aufbau eines aristotelischen Theaterstücks 7
   - 4.1 Aufbau 7
   - 4.2 Merkmale 9
   - 4.3 Schlussfolgerung: Das Herz eines Boxers: Offenes oder geschlossenes Drama? 11
5. Literaturverzeichnis 13

1. Einleitung

Das Jugendtheaterstück *Das Herz eines Boxers* von Lutz Hübner handelt von dem sechszehn-jährigen Jojo, welcher in einem Altersheim aufgrund seiner Jugendstrafe die Wände streichen soll. In dem Zimmer, welches er streicht, trifft er auf den sechzig-jährigen Leo, der einst als eine Boxerlegende unter dem Namen „der rote Leo" bekannt war. Besonders Leo ist zu Beginn des Stücks nicht besonders gesprächig, doch je mehr Zeit beide miteinander verbringen, desto offener sprechen sie über ihre Vergangenheit und lernen sich kennen. Durch die stets inniger werdende Beziehung der beiden helfen sie sich gegenseitig bei großen Herausforderungen, die sich in ihrem Leben kurzzeitig entwickeln.

Die vorliegende Arbeit möchte sich nun mit der Thematik auseinandersetzen, ob ein modernes Theaterstück wie dieses sich stets an den Regeln eines klassischen Dramas nach Aristoteles orientiert beziehungsweise inwieweit ein modernes Theaterstück charakteristische Merkmale des aristotelischen Dramas aufweist. Viele Theaterstücke entsprachen und orientierten sich an einem aristotelischen Aufbau. Dazu gehören beispielsweise „Emilia Galotti" von Gotthold Ephraim Lessing (1772), „Die Räuber" von Friedrich Schiller (1781) oder „Kabale und Liebe" ebenfalls von Friedrich Schiller (1784). Ob dies vollwertig oder nur in Teilen auf das vorliegende moderne Jugendtheaterstück anwendbar ist, soll im Rahmen der Analyse geklärt werden. Aristoteles prägte mit seiner Poetik, das europäische Verständnis des Dramas. Seine Ordnungen und Regeln stellen noch heute eine Verständigungsbasis in der Theatergestaltung dar.[1]

2. Aufbau und Merkmale eines aristotelischen Dramas

Bevor man sich dem Aufbau und den Merkmalen eines Dramas widmet, ist es wichtig, kurz zu attestieren, was ein Drama ist. Denn schließlich gelten auch „etwa die Endphase eines sportlichen Wettkampfs, eine Verbrecherjagd im Kriminalroman, die schnelle und verwickelte Ereignisfolge einer Novelle, überhaupt ein »leidenschaftlich-bewegtes, aufregendes Geschehen « bzw. »die Bewegtheit, Spannung eines Geschehens"[2] als dramatisch beziehungsweise als

---

[1] Vgl. Hofmann, M. (2013). *Drama. Grundlagen, Gattungsgeschichte, Perspektiven* (Literaturwissenschaft elementar, Bd. 5). Wilhelm Fink GmbH & Co. Verlags-KG. S. 9.
[2] Bernhard, A. (2009). *Einführung in die Dramenanalyse* (Bd. 188, 7. aktualisierte und erweiterte). Stuttgart: J.B. Metzler. S. 2.

ein Drama. In unserem Zusammenhang stellt das Drama ein reales Spiel dar, welches auf der Bühne eines Theaters mit darstellenden Personen ein dramatisches Ereignis vor einem Publikum inszeniert und verbale sowie nonverbale Mittel, wie Mimik, Gestik und Sprache verwendet, um jenes Ereignis dem Zuschauer näher zu bringen.[3] Dies zeigt uns, dass der normalsprachliche Terminus „Drama" nicht mit den Gattungsmerkmalen des literaturwissenschaftlichen Begriffs des Dramas gleichwertig angesehen werden darf. Aus diesem Grund wird nun ein genauerer Blick auf das aristotelische Verständnis eines Dramas geworfen.

2.1 Aufbau

Der Ablauf beziehungsweise Aufbau eines aristotelischen Dramas ist pyramidenartig als fünf Akte aufgebaut. Zuerst kommt die Exposition, anschließend die steigende Handlung, dann die Klimax als Höhepunkt. Anschließend fällt die Handlung ab, wodurch die Spannung verzögert werden soll, und zuletzt endet das Stück in einer Tragödie oder Komödie.[4]

Bei einem Drama soll das Geschehen des Stücks in der Exposition durch eine Vorgeschichte eingeführt und die darauffolgende Handlung soll durch dieses Geschehen geleitet werden. Dies geschieht in den meisten Fällen durch einen Konflikt oder ein zurückliegendes prägendes Ereignis des Hauptcharakters.[5] Die Exposition gilt somit als Einführung beziehungsweise Einstieg in die Handlung und soll dafür sorgen, dass das Publikum die Figuren kennenlernt. Es werden alle notwendigen Informationen geliefert, die die Zuschauer benötigen, um der Gesamthandlung ohne Probleme folgen zu können. Die darauffolgende steigende Handlung, auch erregendes Moment genannt, ist dafür verantwortlich, dass die Spannung des in der Exposition vorgestellten Konflikts sich langsam aufbaut und die Handlung sich in Bewegung setzt. Der Höhe- und Wendepunkt des Dramas, auch Peripetie, gilt als spannendster und aufregendster Teil des Stücks. Die Situation wendet sich an dieser Stelle häufig ins Negative. Das Ende wird anschließend herausgezögert durch den retardierenden Moment. Jener

---

[3] Vgl. Klausnitzer, R. (2012). *Literaturwissenschaft: Begriffe, Verfahren, Arbeitstechniken* (2. überarbeitete Auflage). Berlin: De Gruyter. S.182.
[4] Vgl. ebd. S. 196.
[5] Vgl. ebd. S. 195.

verzögert den Handlungsverlauf und lässt das Publikum auf die Katastrophe beziehungsweise die Auflösung warten. Der fünfte und letzte Akt endet entweder mit dem Untergang des Hauptcharakters (Tragödie) oder einem glücklichen Ausgang für diesen (Komödie).[6]

2.2 Merkmale

Um eine Analyse an dem Jugendtheaterstück *Das Herz eines Boxers* durchführen zu können, muss man sich zunächst jegliche Merkmale, welche kennzeichnend für ein aristotelisches Drama sind, näherbringen. Die Kunst eines Dramas beruht auf konkreten Voraussetzungen: Darsteller*innen müssen von dem Publikum getrennt sein und das Stück soll menschliche Situationen und Handlungen wiedergeben beziehungsweise nachahmen, welche ebenfalls in der Erfahrungswelt des Publikums vorkommen.[7]

Dabei sind für den Poeten sechs Elemente von großer Bedeutung. Jene beziehen sich zwar auf die Tragödie seiner Zeit, doch können trotzdem alle Elemente (wenn man das sechste nicht als erforderlich wertet) für das Drama universell gelten. Die Elemente lauten folgendermaßen: mythos (Handlung), ethe (Charaktere; Einzahl: ethos), lexis (Rede, Sprache), didnoia (Gedanke, Absicht), opsis (Schau, Szenerie) und melopoifa (Gesang, Musik). Aristoteles ordnet dabei die ersten zwei Elemente dem Dargestellten zu, während sich die restlichen auf Szenerie und Mittel, wie Gesang und Sprache beziehen. Für Aristoteles stellt der mythos das wichtigste Element dar, welcher dafür sorgen soll, dass stets ein Ereigniszusammenhang zwischen den einzelnen Akten besteht. Schließlich ist das Wort „Drama" von dem griechischen beziehungsweise dorischen Verb „dran" (tun, handeln) hergeleitet.[8] Aristoteles besteht somit darauf, dass einzelne Handlungen miteinander verknüpft werden und zusammenhängen, wodurch eine große Gesamthandlung entsteht, welche in sich geschlossen ist. Dies bedeutet, dass Nebenhandlungen, die vom Hauptgeschehen abweichen, nicht geduldet sind.

Darüber hinaus schreibt Aristoteles der Figurenrede eine enorme Wichtigkeit zu. Sie wird als ein wesentlicher Aspekt der Handlung angesehen und ist

---
[6] Vgl. Hofmann: *Drama. Grundlagen, Gattungsgeschichten, Perspektiven*, S. 21.
[7] Vgl. ebd. S. 11.
[8] Vgl. Bernhard: *Einführung in die Dramenanalyse*, S. 4.

charakteristisch für ein Drama. Ohne Figurenrede ist ein Drama kein Drama. Dazu gehören auch Monologe und Dialoge.[9] Ein weiteres wesentliches Element des Dramas ist nach Aristoteles das Rollenspiel. Das Rollenspiel soll die Abgrenzung gegenüber des Schauspielens darstellen, wie es beispielsweise beim Zirkus oder Fußball der Fall ist. Das Drama möchte den Zuschauern durch das Rollenspiel eine Handlung simulieren, so dass jene gegenüber den Akteuren mit Einfühlsamkeit begegnen können.[10] Dementsprechend kann das Drama im Sinne des Aristoteles als „Sprach- Schau-Spiel" oder „Handlungs-Sprach-Schau-Spiel" bezeichnet werden.[11]

Bei den Stücken Aristoteles spricht man häufig von geschlossenen Dramen. Die geschlossene Form erhielt ihren Namen, da der Poet einen großen Wert auf das Einhalten von drei Einheiten (dem Raum, der Zeit und der Handlung) legt, welche dafür sorgen, dass das Stück in sich geschlossen bleibt. Die Zeit der drei Einheiten besagt, dass es keine enormen Zeitsprünge als auch zeitliche Unterbrechungen in einem Stück geben darf (Dauer des Stücks: ein Sonnenumlauf, 24 Stunden). Von der zentralen Handlung des Dramas soll damit nicht abgewichen werden können, so dass der Faden der Haupthandlung nicht verloren gehen kann. Die Einheit des Raums ist dafür verantwortlich, dass kein häufiger Szenenwechsel stattfinden darf und dass das Stück an einem Ort spielen soll.[12] Der Ursprung dafür lässt sich in der Frühen Neuzeit wiederfinden, in welcher ein antikes Theater nicht die Kapazität dazu bot, das Bühnenbild ständig und rapide zur jeweiligen Situation anzupassen. Somit war die Zeit stets identisch mit der Zeit der Handlung des Stücks, da dem Zuschauer simuliert werden soll, dass das Stück sich im Realen abspielen würde. Damit soll auch bewirkt werden, dass das Publikum sich leichter in den Protagonisten und die Handlung einfühlen kann.[13] Aufgrund der geringen Zeit, war es in der antiken Form des Theaters typisch, dass mehr als drei gleichzeitig auftretende Darsteller

---

[9] Vgl. Hofmann: *Drama. Grundlagen, Gattungsgeschichten, Perspektiven*, S. 14.
[10] Vgl. ebd. S. 13.
[11] Vgl. Bernhard, A. (1994). *Einführung in die Dramenanalyse* (4. verbesserte und ergänzte Auflage). Stuttgart, Weimar: J.B. Metzler. S. 14.
[12] Vgl. Klausnitzer: *Literaturwissenschaft: Begriffe, Verfahren, Arbeitstechniken*, S. 187.
[13] Vgl. Hofmann: *Drama. Grundlagen, Gattungsgeschichten, Perspektiven*, S. 22.

nicht geduldet waren.[14] Durch wenige Charaktere möchte Aristoteles die Handlung in den Vordergrund rücken.[15]

Aristoteles hat stets einen großen Wert auf „Mimesis" also „Nachahmung" und damit generell auf den Realismus in seinen Dramen gelegt. Es soll um Lust an der Mimesis gehen. Damit meint er das Interesse und Spannung am realistisch Alltäglichen.[16]

Ein weiteres Merkmal für ein Aristotelisches Drama ist die Katharsis. Heißt man solle nach seinen Regeln die Zuschauer nicht in einen fassungslosen Zustand des Weinens oder Mitleids versetzten, sondern man möchte beim Zuschauer erreichen, dass die aufgestauten und entstandenen Gefühle während des Stücks abgebaut werden können und man jene nicht „mit nach Hause nimmt". Die Zuschauer sollen also gereinigt werden. Das Durchleben von Emotionen während des Theaters soll dafür sorgen, dass sie diese dort zurücklassen und ihre Seele reinigen können.[17] Dies soll einen emotionalen Ausgleich unterstützen.[18] Dabei ist jedoch wichtig, dass trotz der Gefühle, die das Publikum während der Vorstellung durchlebt, das Schreckliche und Grausame nicht dargestellt werden.[19]

Zu guter Letzt ist es wichtig zu benennen, welches die klassischen Elemente sind, welche eine Tragödie von einer Komödie unterscheiden. In eine Tragödie sind meistens Personen eines höheren Standes vertreten während Personen geringen Standes meist nicht im Stück besetzt werden. Man war davon überzeugt, dass die Katastrophe am Ende einer Tragödie deutlich dramatischer wirken würde, wenn eine Person gehobenen Standes leiden beziehungsweise einen Verlust durchleben würde. Eine Person des niedrigeren Standes würde nicht den gleichen Effekt bei dem Publikum schaffen können.[20] Darüber hinaus wurde der Tragödie ein gehobener Sprachstil zugeordnet und der Komödie eine tendenziell alltäglichere Sprache. Die Komödie

---

[14] Vgl. ebd. S. 35.
[15] Vgl. ebd. S. 47.
[16] Vgl. ebd. S. 46.
[17] Vgl. Primavesi, O. & Rapp, C. (2016). *Aristoteles*. München: C.H. Beck. S. 111.
[18] Vgl. Ultima, K. (2010). Zur Transformation des Aristotelischen Tragödienansatzes nach 1800. In D. Fulda & T. Valk (Hrsg.), *Die Tragödie der Moderne. Gattungsgeschichte-Kulturtheorie-Epochendiagnose* (Klassik und Moderne, Band 2). Berlin: De Gruyter. S. 87.
[19] Vgl. Hofmann: *Drama. Grundlagen, Gattungsgeschichten, Perspektiven*, S. 17.
[20] Vgl. Bernhard: *Einführung in die Dramenanalyse*, S. 24.

endet stets glücklich und es soll ein leichtes Stück sein, während die Tragödie ein trauriges Ende finden soll.[21]

3. Vergleich offenes vs. geschlossenes Drama

In der Auseinandersetzung mit Dramen ist es von Bedeutung, zwischen Tragödie und Komödie, aber auch zwischen geschlossener und offener Form des Dramas zu unterscheiden.

Die offene Form zeigt sich erstmals mit Shakespeare. In jener Form gibt es nicht nur einen Hauptstrang, dieser wird nämlich durch weitere Nebenhandlungen ergänzt. „Offen" ist dabei ein Sammelbegriff für jene Stücke, welche nicht dem geschlossenen Typen entsprechen.[22]

Während die geschlossene Form auf ein ausschließlich tragisches oder komisches Ende hinarbeitet, kommt es in der offenen Form zu der Vermischung des Komischen und Tragischen. Dramahelden sind nicht mehr einzig und allein Menschen gehobenen Standes, sondern vermehrt Personen aus dem Volk oder gar Außenseiter. Darüber hinaus kommt es zum Abkehren von den von Aristoteles vorgeschriebenen drei Einheiten.[23] Somit gab es eine Vielzahl von Ortswechseln, von Akteuren (auch aus unterschiedlichen gesellschaftlichen Ständen) aber auch Handlungssträngen. Zudem weist das Stück eine große Zeitspanne auf und der Sprachgebrauch ist aufgrund der verschiedenen sozialen Schichten nicht mehr einheitlich. Nach Klausnitzer möchte sich das offene Drama „gegen den Illusionismus der Guckkastenbühne und [der] Einfühlästhetik"[24] richten und die Realität des Theaters wiederherstellen. Damit bezieht sich der Autor auf die Regel Aristoteles. Mit der „Guckkastenbühne" meint Klausnitzer das nicht wechselnde Bühnenbild und die wenige Anzahl der Figuren. Die offenen Dramen verstoßen damit also genau gegen die Richtlinien des gleichen Ortes und wollen somit mehr Realität auf die Theaterbühne bringen. Schließlich ist es unrealistisch sich konsequent an dem exakt gleichen Ort zu befinden. Jedoch

---

[21] Vgl. Bernhard: *Einführung in die Dramenanalyse*, S. 25.
[22] Vgl. Klausnitzer: *Literaturwissenschaft: Begriffe, Verfahren, Arbeitstechniken*, S. 196.
[23] Vgl. Hofmann: *Drama. Grundlagen, Gattungsgeschichten, Perspektiven*, S. 23.
[24] Klausnitzer: *Literaturwissenschaft: Begriffe, Verfahren, Arbeitstechniken*, S. 196.

macht Aristoteles aufgrund der geringen Zeitspanne (mit 24 Stunden) ein nicht wechselndes Bühnenbild realistischer.

4. Analyse: Vergleich des strukturellen Aufbaus des Theaters *Das Herz eines Boxers* mit dem Aufbau eines aristotelischen Theaterstücks

4.1 Aufbau

Betrachtet man nun Hübners Stück *Das Herz eines Boxers* unter den beschriebenen Merkmalen des Kapitels 2.1 der vorliegenden Arbeit, fällt auf, dass das Jugendtheaterstück eine klassische Exposition aufweist. Das Geschehen wird durch Jojos Geschichte eingeleitet. Er erwähnt bereits in der ersten Szene, wie er zu seinem Job des Streichens gekommen ist: „Ich krieg keinen Pfennig für den Job"[25], „[...] das sind Strafstunden, höchstrichterlicher Anordnung"[26], „hast du alles meinem Jugendrichter zu verdanken"[27], „Oder bedank dich besser bei der Alten, die nachts um zwei noch aus dem Fenster gafft, während Jugendliche versuchen, sich zu motorisieren."[28], „Ohne die hätte ich jetzt ein Mofa und 'nen freien Nachmittag."[29]. Damit erklärt Jojo Leo, aber auch den Zuschauern, wie er zu seiner Strafe gekommen ist und wieso Leo und er in den kommenden Tagen mehr Zeit miteinander verbringen werden. Somit sind den Zuschauern alle notwendigen Informationen geliefert worden, die sie benötigen, um die Handlung nachvollziehen zu können. Die einzige Frage, die hier jedoch zunächst offenbleibt, ist, wieso Leo sich in dem Heim für psychisch kranke Menschen befindet: „Hast du mal ein Handtuch oder so was? [...] Geben sie euch nicht, haben wohl Angst, ihr könntet euch damit abseilen, was."[30], „Sie haben mir unten gesagt, dass du nicht mehr ganz richtig tickst".[31]

Aus diesen Aspekten ergibt sich auch das erregende Moment beziehungsweise die steigende Handlung, da Jojo seine Strafe so schnell wie möglich abarbeiten möchte und für uns die Frage offenbleibt, aus welchem Grund Leo in ein solches

---

[25] Hübner, L. (2009). *Das Herz eines Boxers. Ein Jugendtheaterstück.* Stuttgart: Ernst Klett Verlag GmbH, S. 5.
[26] Ebd. S. 5.
[27] Ebd. S. 6.
[28] Ebd. S. 6.
[29] Ebd. S. 6.
[30] Ebd. S. 8.
[31] Ebd. S. 8.

Heim gesetzt wurde. Darüber hinaus erfahren die Zuschauer oder Leser des Stücks in der zweiten Szene, dass Jojo das Mofa gar nicht stehlen wollte, sondern die Tat für einen Freund auf sich genommen hat.[32] Zudem erkennt Leo, dass Jojo die Tat unter anderem wegen eines Mädchens auf sich zog, bei welchem er Eindruck schinden wollte.[33] Dies erregt bei den Zuschauern ebenfalls Spannung, da sie erfahren möchten, ob Jojos heldenhaftes Handeln bei dem Mädchen Eindruck geschaffen hat oder nicht. Ein weiterer Faktor, welcher für Neugier sorgt, ist, dass Leo am Anfang der dritten Szene mit seinen Orden und Pokalen in seinem Zimmer sitzt. Wie er jene verdient hat, löst ebenfalls Spannung beim Publikum aus.

Zu einem Höhepunkt des Theaters gehört der Moment, in welchem Jojo feststellt, dass Leo ein bekannter Boxer war: „Oh Mann, du warst ja ein richtiger Star, du warst ein Boxer?"[34], „Du warst ein richtiger Held, Mann."[35]. Anschließend teilt Leo sogar Jojo mit, warum er in den geschlossenen Teil des Heims versetzt wurde. [36] Darauhin bittet Jojo darum, ob Leo ihm das Boxen beibringen kann.[37] Zudem hat Jojo einiges von alten Gegenständen die Leo besaß verkauft, doch wofür Leo das erworbene Geld benötigt, möchte er Jojo nicht direkt verraten.[38] Die Spannung baut sich nun noch weiter auf, da Leo am nächsten Tag und zu Beginn der fünften Szene sagt, er würde sich auf den Weg nach Südfrankreich machen wollen. Deswegen benötigte er auch das Geld. Er erklärt Jojo ausführlich seinen Plan und sagt, er möchte fliehen, da er sein restliches Leben nicht in dem Heim verbringen möchte.[39] Jetzt ist der Spannungspunkt des Stücks bisher am höchsten, da sich nun die Frage stellt, ob Leo es schaffen wird zu fliehen.

Die fünfte Szene endet mit einem lauten Klirren und die sechste Szene beginnt mit Leo in seinem Sessel, was den Zuschauern zeigt, dass Leos Plan nicht aufgegangen zu sein scheint.[40] Damit befinden wir uns jetzt im retardierenden Moment des Theaters, da das Ende durch Leos Versagen herausgezögert wird.

---

[32] Vgl. Ebd. S. 9.
[33] Vgl. Ebd. S. 10
[34] Ebd. S. 14.
[35] Ebd. S. 15.
[36] Vgl. Ebd. S. 16.
[37] Vgl. Ebd. S. 17.
[38] Vgl. Ebd. S. 22.
[39] Vgl. Ebd. S. 24.
[40] Vgl. Ebd. S. 25.

Leo hat seine Hoffnung zum Großteil komplett verloren und denkt; er wird den Rest seines Lebens in Gefangenschaft verbringen: „Ich komme hier nie mehr raus, das ertrage ich nicht."[41].

Die siebte und auch letzte Szene gibt dem Stück eine unerwartete Wendung, denn Jojo hat sich innerhalb eines Tages einen neuen Plan ausgedacht, wie er Leo heimlich aus dem Heim holen möchte.[42] Das Ende wird erneut somit herausgezögert. Nach längerem Bedenken nimmt Leo Jojos Plan auf sich und setzt ihn durch. Darüber hinaus ist Jojo mit dem Mädchen verabredet, auf welches Leo ihn zu Beginn des Stücks angesprochen hatte. Somit erhalten beide ihr „Happy-End" und das Stück endet nicht in einer, wie zunächst vermutet Tragödie, sondern Komödie für beide Hauptdarsteller.

4.2 Merkmale

Im Folgenden wird analysiert, inwiefern sich weitere Merkmale des aristotelischen Dramas in dem Jugendtheaterstück auffinden lassen. *Das Herz eines Boxers* erfüllt durch die einzigen zwei Darsteller Leo und Jojo den Aspekt, dass es wenige Akteure gibt. Darüber hinaus sollen jene vom Publikum getrennt sein. Auch dies ist in dem Stück der Fall, da nicht mit den Zuschauern interagiert wird. Zudem weist ein typisch aristotelisches Stück sowohl Dialoge als auch Monologe auf. Auf den ersten Blick scheint es bei dem Theater keine Monologe zu geben, doch bei genauerer Betrachtung fällt auf, dass in der ersten Szene ausschließlich Jojo redet und dabei nahezu ein Selbstgespräch führt.[43]

Betrachtet man nun die drei Einheiten (den Raum, die Zeit und die Handlung), ist auffällig, dass die Einheit der Zeit nicht eingehalten wird. Das Stück spielt nämlich länger als ein Sonnenumlauf (24 Stunden). Hingegen wird die Einheit des Raums eingehalten, da wir uns das gesamte Theaterstück in der gleichen Szenerie befinden (Leos Raum in dem Heim). Die letzte Einheit ist die der Handlung. Wir haben zwar eine große zusammenhängende Handlung, welche darauf hinausläuft, dass Leo aus dem Heim fliehen kann, jedoch empfinde ich, dass Jojo ebenfalls seine eigene Haupthandlung hat, welche sich auf seine persönliche

---

[41] Ebd. S. 28.
[42] Ebd. S. 30
[43] Vgl. Ebd. S. 4-7.

Entwicklung fokussiert, und das Ziel beinhaltet, das Mädchen, für welches er Gefühle hegt, kennenzulernen. Somit lässt sich Jojos Handlung als Nebenhandlung, meiner Meinung nach aber eher als eine weitere Haupthandlung einordnen, da er schließlich ebenfalls zu den Hauptcharakteren gehört. Dementsprechend ist auch dieser Aspekt eher unpassend für ein aristotelisches Stück, welches sich stets auf einen Hauptcharakter als Helden konzentrierte.

Jedoch ist auffällig, dass Jojo und Leo vielleicht nicht nach außen hin Helden zu sein scheinen, doch sie es für sich gegenseitig sind. Leo reagiert auf Jojos Geständnis, wieso er die Strafe auf sich genommen hat, folgendermaßen: „Du wolltest ein Held sein, damit dein Mädchen dich liebt, und hast eine gute Tat begangen. Es bleibt eine gute Tat, auch wenn dich jetzt alle für einen Trottel halten."[44]. Jojo wiederum bezeichnet Leo als einen Helden, als er erfährt, dass er ein ehemaliger bekannter Boxer war.[45]

Der Sprachstil ist ebenfalls passend zu Aristoteles Vorstellungen. Es handelt sich bei dem Jugendtheater um eine Komödie und entsprechend ist der Sprachstil angepasst. Beide Hauptcharaktere kommunizieren durch das gesamte Stück aufgelockert und entspannt miteinander. Von einem gehobenen Sprachstil kann dabei nicht die Rede sein: „Was glotzt du denn so?"[46], „Also, bringen wir's hinter uns, ich streich die Bude"[47], „Kannst ruhig wieder aus dem Fenster starren, ich klau dir schon keinen Karton unterm Arsch weg"[48], „So ein Arschloch"[49], „Ich glaub, mein Schwein pfeift"[50], „Halt die Schnauze!"[51].

Des Weiteren soll das Grausame und Schreckliche nicht gezeigt werden. Auch dies ist der Fall in *Das Herz eines Boxers*. Beispielsweise wird der Streit in dem Jojo sich sein blaues Auge einfängt nicht detailliert beschrieben beziehungsweise

---

[44] Ebd. S. 10.
[45] Vgl. Ebd. S. 15.
[46] Ebd. S. 4.
[47] Ebd. S. 5.
[48] Ebd. S. 5.
[49] Ebd. S. 8.
[50] Ebd. S. 9.
[51] Ebd. S. 19.

gezeigt.[52] Das Gleiche gilt für Leos Autounfall, welcher nur mit einem lauten Klirren, was zu hören ist, dargestellt wird.[53]

Der letzte Punkt, welcher für Aristoteles ebenfalls von großer Bedeutung ist, ist jener, welcher besagt, dass das Stück an der Erfahrungswelt der Zuschauer anknüpfen soll. Zum einem gelingt es dem Stück, da es sich bei Jojos und Leos Geschichte um keine unrealistische handelt. Jedoch scheint besonders Jojo nicht aus sonderlich guten Lebensverhältnissen zu stammen, was sich an seinem Ärger mit der Polizei und seinem beschriebenen Freundeskreis feststellen lässt: „Ich hab's für 'nen anderen auf mich genommen, weil der mit seinen Vorstrafen sonst direkt in den Bau gegangen wäre."[54]. Die Frage ist dabei inwiefern sich die Zuschauer in Jojos oder auch Leos Lebenslange hineinversetzten und einen Bezug zu ihrer eigen Lebenswelt sehen können, da beide sich in einer sehr spezifischen Situation befinden.

4.3 Schlussfolgerung: Das Herz eines Boxers: Offenes oder geschlossenes Drama?

Zuletzt und abgerundet, soll kurz und knapp geklärt werden, ob das gesamte Theaterstück sich eher dem geschlossenen aristotelischem Typen oder der offenen, vor allem von Shakespeare geprägten Form, zuordnen lässt.

Das Stück arbeitet nicht auf ein Ende hin, welches als Tragödie, als auch Komödie angesehen werden kann, sondern endet ausschließlich in einer Komödie. Dieser Aspekt spricht somit für die geschlossene Form. Für den offenen Typ spricht jedoch, dass es sich bei Leo und Jojo nicht um Personen des gehobenen Standes handelt. Viel eher hätte man Leo in seinen früheren Jahren jenem zuordnen können, da er schließlich eine bekannte Boxerlegende war[55].

Wiederum für den geschlossenen Typen spricht, dass die drei Einheiten eher eingehalten werden (wie in Kapitel 4.2 beschrieben), als dass man sich von diesen abwendet und dass der Sprachstil durch das gesamte Stück einheitlich

---

[52] Vgl. Ebd. S. 17f.
[53] Vgl. Ebd. S. 25.
[54] Vgl. Ebd. S. 8.
[55] Vgl. Ebd. S. 14.

bleibt, also nicht mehrere Sprachstile miteinander vermischt werden, wie es in der offenen Form gegeben wäre.

Darüber hinaus zeichnet sich bei Hübners Stück eher eine zentrale Haupthandlung und ein roter Faden nieder, welcher vielleicht minimal durch Jojos kleine eigene Haupthandlung ergänzt wird. Von mehreren simultanen Nebenhandlungen oder großen Zeitsprüngen, wie sie für die offene Form typisch wären, kann keine Rede sein. Aufgrund der genannten strukturellen Argumente kann bei dem vorliegenden Werk eher von einem geschlossenen Theaterstück gesprochen werden, welches sich an Aristoteles Regeln orientiert.

5. Literaturverzeichnis

Bernhard, A. (1994). *Einführung in die Dramenanalyse* (4. verbesserte und ergänzte Auflage). Stuttgart, Weimar: J.B. Metzler.

Bernhard, A. (2009). *Einführung in die Dramenanalyse* (Bd. 188, 7. Aktualisierte und erweiterte Auflage). Stuttgart, Weimar: J.B. Metzler.

Fulda, D. & Valk, T. (Hrsg.). (2010). *Die Tragödie der Moderne. Gattungsgeschichte-Kulturtheorie-Epochendiagnose* (Klassik und Moderne, Band 2). Berlin: De Gruyter.

Hofmann, M. (2013). *Drama. Grundlagen, Gattungsgeschichte, Perspektiven* (Literaturwissenschaft elementar, Bd. 5). Wilhelm Fink GmbH & Co. Verlags-KG.

Hübner, L. (2009). *Das Herz eines Boxers. Ein Jugendtheaterstück*. Stuttgart: Ernst Klett Verlag GmbH.

Klausnitzer, R. (2012). Literaturwissenschaft: Begriffe, Verfahren, Arbeitstechniken (2. überarbeitete Auflage). Berlin: De Gruyter

Primavesi, O. & Rapp, C. (2016). *Aristoteles*. München: C.H. Beck. https://doi.org/10.17104/9783406697739-1

Ultima, K. (2010). Zur Transformation des Aristotelischen Tragödienansatzes nach 1800. In D. Fulda & T. Valk (Hrsg.), *Die Tragödie der Moderne. Gattungsgeschichte-Kulturtheorie-Epochendiagnose* (Klassik und Moderne, Band 2). Berlin: De Gruyter.

BEI GRIN MACHT SICH IHR WISSEN BEZAHLT

- Wir veröffentlichen Ihre Hausarbeit, Bachelor- und Masterarbeit

- Ihr eigenes eBook und Buch - weltweit in allen wichtigen Shops

- Verdienen Sie an jedem Verkauf

Jetzt bei www.GRIN.com hochladen und kostenlos publizieren